COMENZAR A VENDER POR INTERNET

Comenzar a Vender por Internet

¡Cree su Negocio Online Rápidamente!

Jorge García González

1ª edición, mayo de 2021
ISBN: 9798516406270

Copyright © 2021 Jorge García González

Contenido

CÓMO INICIAR UN NEGOCIO DE MARKETING POR INTERNET 1
ENCUENTRE UNA NECESIDAD Y SATISFÁGALA 3
ENCUENTRE LAS DEMANDAS DE SU PÚBLICO OBJETIVO 5
CREE SU SITIO WEB 9
USE HERRAMIENTAS PARA CREAR UN SITIO WEB 13
UTILICE TÉCNICAS DE MOTOR DE BÚSQUEDA 31
CONSTRUYA SU REPUTACIÓN EMPRESARIAL 33
EMAIL MARKETING 35
COMPRENDER SU MERCADO 37
RESUMEN 43
REFERENCIAS 47

v

¡Cree su negocio online rápidamente!

Cómo iniciar un negocio de marketing por Internet

Las empresas de marketing por Internet son pequeñas o medianas empresas que utilizan Internet como su principal mercado. Iniciar un negocio de marketing por Internet requiere algunos procedimientos y herramientas específicos y probados para tener éxito. Es importante hacer caso a todas las herramientas y procedimientos como aconsejan las historias de éxito para el marketing por Internet. Esto se debe a que el negocio de marketing por Internet es susceptible de sufrir contratiempos que podrían resultar ser desafiantes si no se abordan correctamente y con prontitud.

Un sitio web es el primer punto de contacto entre un consumidor y un vendedor de Internet. Esto se debe a que es a través de un sitio web que el comprador llega a ver los productos en el mercado con sus especificaciones. Como resultado, un sitio web actúa como un escaparate en línea que debe diseñarse de la manera más atractiva para atraer clientes potenciales. Cabe señalar que hay varias estrategias y herramientas que uno puede utilizar para hacer su sitio web más atractivo para los clientes potenciales. Sin embargo, antes de embarcarse en las estrategias y herramientas para desarrollar un buen sitio web para su negocio de marketing en línea, es importante tener una visión general de las estrategias y herramientas verificadas para desarrollar un buen sitio web.

Comenzar a vender por internet

Hay un procedimiento paso a paso que debe seguir para hacer que su negocio de marketing por Internet sueñe con un éxito. Este procedimiento garantiza el éxito de las personas que optan por iniciar negocios de marketing por Internet, ya sean pequeñas o medianas empresas. Miles de vendedores de Internet se han beneficiado significativamente de seguir estrictamente la guía para llevar a cabo negocios de marketing por Internet. Para llevar sus negocios al siguiente nivel, es imperativo que hagan lo siguiente según lo explicado en los próximos capítulos.

¡Cree su negocio online rápidamente!

Encuentre una necesidad y satisfágala

El primer paso para iniciar un negocio productivo de marketing por Internet es llevar a cabo un estudio destinado a identificar las necesidades dentro de un mercado específico. En la mayoría de las ocasiones, los iniciadores de marketing por Internet cometen un error al definir un producto antes de identificar el mercado objetivo. Debe tener en cuenta que el mercado siempre es lo primero antes que definir el producto. Es sólo a través de esto que un vendedor será capaz de vincular la demanda con un producto dado.

Como tal, comience por identificar el mercado para aumentar sus posibilidades de tener éxito en el marketing de Internet. El truco en este caso es siempre encontrar un grupo de consumidores con el objetivo común de obtener un producto que resuelva su problema. Los mejores grupos de personas son aquellos que no han logrado encontrar las soluciones más adecuadas a sus problemas. Esto se puede lograr fácilmente; gracias a internet.

Para identificar los grupos de personas que buscan soluciones a sus problemas, aquí hay algunos pasos que puede seguir:

- Busque foros en línea a través de Internet y fíjese en el tipo de preguntas que los participantes están haciendo. Además, es importante prestar especial atención al tipo de problemas que la mayoría de las personas tienen y en el tipo de soluciones que buscan para sus problemas. A partir de esto, se puede identificar un problema común al que se enfrentan más personas, lo que proporciona una idea del tipo de producto que podría resolver mejor el problema común entre los participantes de ese sitio.

- También es recomendable realizar búsqueda de palabras clave en los motores de búsqueda con el objetivo de identificar las palabras clave buscadas por muchos usuarios de Internet. En este punto hay que focalizarse en identificar sólo palabras clave que aparecen más en los motores de búsqueda, pero por las que muy pocos sitios compiten. Esto le ayudará a identificar un problema cuya solución buscan muchos usuarios de Internet. Con esta información se puede llegar a definir un producto para satisfacer esta demanda.
- Otra estrategia es controlar a sus competidores para saber qué están haciendo. Esto se puede hacer visitando los sitios de la competencia y tomando nota de cómo están satisfaciendo las diversas demandas de sus consumidores. Cabe señalar que esto tiene dos beneficios importantes. Primero, puede aprender de los mejores y luego puede hacer uso de esa información para crear un mejor producto ya existente, ofrecer algo con más valor para el consumidor, para tener una ventaja competitiva sobre otros competidores. En segundo lugar, saber lo que ofrecen sus competidores le permite identificar una brecha en el mercado. A través de esto, puede crear un nuevo mercado que no había sido descubierto anteriormente.

¡Cree su negocio online rápidamente!

Encuentre las demandas de su público objetivo

Una vez que ya haya identificado una necesidad o una brecha en el mercado con su público objetivo, puede seguir adelante y encontrar el producto que mejor se adapte a las necesidades de estos consumidores. Esta es siempre una etapa confusa en el proceso de construcción de un negocio de marketing en línea de buena reputación. Los principiantes en este campo siempre confunden esta etapa olvidando totalmente lo que pretendían vender y aventurarse en un producto completamente diferente. Esto no es correcto. Recuerde que la pasión también es clave en cualquier negocio. No puede vender de manera efectiva lo que no le apasiona. Es por esta razón que le recomendamos que se ciña a los productos que le apasionan

Encontrar los productos que mejor se adapten a las necesidades de sus clientes potenciales significa que debe alinear las demandas del mercado con lo que ofrece el producto. Siempre es importante asegurarse de que los productos que presente en un mercado podrán resolver las necesidades de los consumidores de ese mercado. En la mayoría de las ocasiones, las empresas de marketing online realizan un estudio de viabilidad del mercado en un intento por determinar no solo la viabilidad del mercado, sino también el crecimiento potencial de sus productos una vez lanzados. Una buena práctica sería considerar la posibilidad de realizar un estudio de viabilidad.

Durante este proceso, es importante evaluar qué tipos de productos ofrecen los competidores en el mismo mercado. Esto le hará comprender lo que necesita

5

Comenzar a vender por internet

agregar a sus productos para darles una ventaja competitiva con respecto a los productos de la competencia. Es necesario ofrecer algo más; algo que motive a los consumidores a preferir sus productos a los muchos productos similares disponibles en el mismo mercado. Es solo a través de esto que puede esperar las ventas de su producto una vez que se lanza al mercado.

La etapa final de este paso es fijar el precio de los productos correctamente. Realice un análisis de mercado amplio con el objetivo de identificar lo que ofrecen otros actores de la industria y sus estrategias de precios. A través de esto, podrá determinar los rangos de precios de productos similares en el nicho. Utilice esta información para fijar el precio de sus propios productos. Asegúrese de que los precios de sus productos no varíen mucho en comparación con los precios de productos similares en el mismo mercado. Algunos principiantes en el negocio del marketing en Internet optan por poner un precio a sus productos ligeramente más bajo que el de la competencia, mientras que otros optan por un precio ligeramente más alto. Esto depende completamente de sus estrategias de precios. El factor más importante que considerar aquí es nunca cobrar demasiado o muy poco por sus productos.

Vale la pena señalar que una implementación adecuada del paso de la definición del precio del producto determinará qué tan lucrativo será el producto a los ojos de los consumidores proyectados. Ciertamente, es muy probable que los consumidores se asocien con productos cuyos precios se ajusten a sus presupuestos anticipados. Además, la mayoría de los consumidores siempre quieren valor por su dinero cuando compran productos. Los consumidores tienden a comparar los precios de sus

¡Cree su negocio online rápidamente!

productos con los beneficios que obtienen con la compra de tales productos. En el caso de que los consumidores perciban los beneficios de los productos como menos valiosos en comparación con su proceso, es menos probable que compren los productos. Por lo tanto, es imperativo que los nuevos participantes en el negocio del marketing en línea establezcan medidas efectivas para garantizar que los precios de sus productos estén bien alineados con los beneficios proyectados que los consumidores obtendrán al comprar estos productos.

Comenzar a vender por internet

¡Cree su negocio online rápidamente!

Cree su sitio web

Un sitio web es el primer punto de contacto entre un consumidor y un vendedor online. A través de un sitio web el comprador llega a ver los productos disponibles en el mercado con sus especificaciones. Como resultado, una web actúa como un escaparate en línea, por lo que debe diseñarse de la manera más atractiva posible para atraer clientes potenciales. Cabe destacar que hay varias estrategias y herramientas que uno puede utilizar para hacer su sitio web más atractivo para los clientes potenciales. Sin embargo, antes de embarcarse en las estrategias y herramientas para desarrollar un buen sitio web para su negocio de marketing en línea, es importante tener en mente los siguientes consejos, que ya han sido probados, para desarrollar un buen sitio web. Se trata de aprovechar la experiencia de otros emprendedores que iniciaron este camino con anterioridad.

- Asegúrese de que la navegación de su sitio web sea simple y clara. Esta simplicidad facilita a los usuarios la navegación por sus páginas mientras leen y ven las descripciones de los productos. En el caso de que la navegación por el sitio web sea complicada, es muy probable que los visitantes de su sitio se desanimen y simplemente abandonen el sitio. En Internet la competencia en muy alta, hay otras webs que ofrecen los mismos productos, por lo que asegurar que el consumidor se sienta cómodo en su web, puede hacerle ganar más de una venta. Tener un flujo de navegación igual para todas las páginas de su sitio web hace que su sitio web sea simple y fácil de dominar, mejorando la experiencia del cliente potencial. Por lo tanto, es recomendable tener sitios web muy simples y fácilmente navegables para para atraer y retener a los visitantes que visitan estos sitios web.

- Los gurús de Internet siempre han aconsejado que los vídeos, audios y gráficos deben adjuntarse en los sitios web sólo si mejoran el mensaje que se transmite. En el caso de que los videos o audios no se utilicen con el fin de transmitir el mensaje deseado en un sitio web, se vuelven obsoletos y, por lo tanto, hacen que el sitio web pierda interés para los clientes. Además, los videos, audios y gráficos injustificados en los sitios web hacen que los sitios web parezcan ambiguos, el texto transmite una información que no está en línea con el video. Por lo tanto, hay que evitar videos, audios y gráficos innecesarios en sus sitios web. No obstante, debe tenerse en cuenta que cuando estas herramientas se utilizan para comunicar el mensaje deseado, ayudan a dinamizar la web, ya que eliminan la monotonía de los mensajes escritos.
- Los visitantes de una web de marketing en Internet deben poder realizar la compra de productos en no más de cinco clics. Este es un punto que se debe tener presente a la hora de diseñar el contenido de la web. Los usuarios no quieren tener que pasar por 10 ventanas para poder hacer la compra del producto que desean. Los diseñadores web pueden hacer esto posible al incluir botones de compra en el sitio web. Con un solo clic, estos botones permiten a los usuarios del sitio web navegar a

¡Cree su negocio online rápidamente!

través del proceso de compra de manera fácil y rápida. Por lo tanto, uno de los consejos más importantes para desarrollar un sitio web eficaz es hacer que el proceso de compra completo no esté a más de cinco clics de distancia.

- Los sitios web efectivos también incluyen ofertas de suscripción. Estas ofertas se han utilizado en las plataformas de Internet contemporáneas para recopilar las direcciones de correo electrónico de los usuarios. La recopilación de las direcciones de correo electrónico se realiza con plena concesión por parte de los usuarios. Esto implica que los usuarios introducen sus direcciones de correo electrónico voluntariamente y se les solicita que confirmen si les gustaría recibir actualizaciones de un sitio web en particular a través de sus direcciones de correo electrónico. No es una buena práctica bloquear la compra de un producto a la obtención del correo electrónico del comprador. La suscripción a la que se refiere este punto es adicional a los productos que se venden. Podemos pensar en una suscripción a una publicación periódica con información general sobre productos, artículos divulgativos, ... En definitiva, un servicio que le aporte valor al cliente de forma gratuita, que acabará revirtiendo en más visitas a nuestra web. La recopilación de direcciones de correo electrónico es importante para las empresas de marketing en Internet porque proporciona a los especialistas en marketing los datos de contacto de sus posibles clientes. Gracias a tener estas direcciones se podrán hacer campañas comerciales en un futuro. Por lo

11

tanto, es aconsejable que los nuevos participantes en las empresas de marketing en Internet inviertan en ofertas de suscripción para ayudar en la recopilación de direcciones de correo electrónico.
- Hay que ser consciente del hecho de que un sitio web es el escaparate de un negocio en línea. Al igual que los escaparates de cualquier otro negocio, deben ser atractivos para todos los clientes. Además, deben identificarse fácilmente con descripciones claras del tipo de productos y servicios ofrecidos y sus beneficios que el producto ofrece a los consumidores. Dicho de otra forma, cada producto expuesto en la web debe contener toda la información necesaria para que los clientes puedan determinar si sus demandas pueden ser satisfechas desde dichas tiendas. Por lo tanto, la página de inicio de un sitio web debe ser atractiva. Además de su atractivo, una página de inicio debe contener toda la información necesaria, incluyendo el nombre del negocio, la información de contacto, los productos y servicios ofrecidos y a veces incluso las listas de precios.

¡Cree su negocio online rápidamente!

Use herramientas para crear un sitio web

Las empresas de marketing en Internet tienen diversos objetivos que deben cumplirse a través de los sitios web de la empresa. Para las empresas en línea, el sitio web es quizás el identificador más importante de la empresa y, por lo tanto, debe crearse de la manera más atractiva. Sólo a través de esto, los clientes pueden visitar dichos sitios web cómodamente y leer la información contenida en ellos.

Existen numerosas herramientas de diseño web que se han utilizado con éxito para crear increíbles sitios web de empresas. Además de eso, de vez en cuando surgen nuevas herramientas de diseño web con funciones avanzadas que mejoran los procesos de creación de sitios web día a día. Vale la pena señalar que algunas herramientas de diseño web son totalmente gratuitas, mientras que otras están disponibles mediante suscripciones periódicas. Por esta razón, siempre existe una herramienta de diseño web para cada negocio sin importar su presupuesto o necesidades. Algunas herramientas web son:

1. CMS. Content Management System (Fernández, 2018)

Los sistemas de gestión de contenidos o gestores de contenidos, normalmente referidos por las siglas CMS (del inglés "Content Management System") surgieron para facilitar la creación y el mantenimiento de páginas web sin tener conocimientos de programación.

Su uso está creciendo cada vez más porque no es permisible tener un sitio web cuyo contenido sólo pueda ser gestionado por profesionales técnicos cualificados; por coste y por dinamización de este.

Si hacemos una búsqueda rápida, encontraremos que hay una enorme oferta de gestores de contenidos. Ante este panorama, ¿cuál seleccionar para un nuevo sitio web? ¿Hay alguno "mejor" que el resto?

Sin embargo, como hemos visto, no se puede decir que, a priori, haya un CMS mejor que el resto. Al menos, en todas las situaciones.

Si bien la tecnología de plugins permite incorporar casi cualquier funcionalidad a un gestor de contenidos, algunas características "de fábrica" pueden hacer que uno sea más adecuado que el resto para crear un sitio web en concreto, para no tener que depender de plugins o desarrollos a medida.

Una buena forma de decidir qué gestor de contenidos podemos usar es navegando a través de sitio web que nos gusten y ver qué tecnología están utilizando, por si nos interesa usarlo. Tenemos dos formas de hacerlo:

- A través de una herramienta online, como What CMS, que analiza el sitio web que le introducimos y nos dice el nombre del gestor:
- Mediante una extensión de Chrome, como Wappalyzer, que incluso proporciona información técnica adicional sobre el sitio web.

Veamos cuáles son los más populares y qué debemos considerar para seleccionar uno u otro en función de las características o complejidad del sitio web.

CMS WordPress

Con diferencia, el CMS para crear una web WordPress es el gestor de contenidos más utilizado en Internet,

¡Cree su negocio online rápidamente!

fundamentalmente debido a su extrema facilidad de uso, que lo hace casi la mejor opción para usuarios principiantes que quieren crear su primer sitio web o para la mayoría de sitios web relativamente pequeños sin requisitos especiales, como sites corporativos o blogs.

Su soporte para complementos o plugins es muy robusto y se podría decir que casi existe al menos un plugin para prácticamente cualquier necesidad.

Quizás la principal limitación del CMS WordPress, si queremos ser un poco quisquillosos, es que sus posibilidades de diseño web "de fábrica" son algo limitadas, aunque compensada con la enorme oferta disponible de temas y plantillas, tanto gratuitos como de pago, para cubrir prácticamente cualquier tipo de sitio web.

CMS Joomla

Mientras que el CMS WordPress puede ser la mejor opción para introducirse en los gestores de contenido, aunque lo suficientemente potente y versátil para usuarios y webs avanzados, Joomla presenta una curva de aprendizaje algo mayor.

El aspecto que diferencia a Joomla de otros CMS's es la versatilidad de sus complementos ("extensiones"), que pueden hacer cambiar completamente la apariencia y funcionalidad de un sitio web, aunque esta flexibilidad implica una mayor cualificación técnica de quienes tengan que operar con el gestor.

Su potencia es tal que incluso existen distintos tipos de extensiones (plugins, módulos y componentes) en función del impacto o cambio que producen sobre el sitio web, desde funcionalidades básicas hasta recrear un sitio web por completo.

Comenzar a vender por internet

CMS Drupal

El gestor más complejo de los que hemos visto ahora y con la mayor curva de aprendizaje. Sin embargo, esta dificultad viene compensada con una mayor capacidad para construir sitios web grandes, como grandes portales o sitios de grupos empresariales, sin necesidad de plugins externos.

Además, Drupal incorpora herramientas básicas de edición y diseño web, sin tener que depender exclusivamente de utilidades externas o plugins.

Pero su principal ventaja es su soporte para la optimización del posicionamiento orgánico (SEO), al incluir soluciones y herramientas integradas, sin necesidad de complementos externos, como sucede en los anteriores CMS.

Prestashop

Hasta ahora, hemos visto CMS's genéricos, que pueden utilizarse para prácticamente cualquier tipo de website, aunque instalando complementos adicionales o realizando desarrollos a medida, que pueden incrementar ya sea el coste de creación del sitio web o dificultar su gestión.

En este sentido, PrestaShop ofrece una solución especializada para plataformas de comercio electrónico, incorporando de fábrica la mayor parte de las funcionalidades más comunes en sitios eCommerce.

Con las funcionalidades que Prestashop incorpora de serie no hace falta instalar ni configurar plugins de terceros para crear una tienda online, aunque también dispone de un sistema de complementos o módulos, para mejorar la experiencia de compra de los usuarios.

Moodle

¡Cree su negocio online rápidamente!

Otro CMS especializado, esta vez para la creación de plataformas de cursos online. De nuevo, los CMS's genéricos pueden configurarse, con los plugins adecuados, para proporcionar esta funcionalidad, pero, en general, una solución especializada será más fácil de utilizar y gestionar.

Así, en Moodle encontraremos de serie todo aquello que cabe esperar de una plataforma de cursos online, desde la gestión de los propios cursos, con sus respectivos contenidos y seguimiento de evaluaciones, hasta la gestión de los distintos tipos de usuarios, como alumnos, profesores, creador de cursos, etc.

2. Avocode

Esta herramienta de diseño web se comercializa como intermediario entre desarrolladores web y diseñadores web. Con Acocode, se pueden exportar sus diseños sketch o Photoshop a la herramienta con todas las capas y elementos relacionados guardados en una sola pieza. Esta herramienta es en su mayoría útil para los desarrolladores front-end que están abasteciendo formas más fáciles y efectivas de llevar sus sitios web desarrollados a sus codificadores back-end.

Avocode incorpora un carácter colaborativo que permite a sus usuarios centralizar su trabajo. Con esta herramienta, los diseñadores web y desarrolladores pueden trabajar desde una ubicación central. Esto tiene las ventajas de ahorrar a los desarrolladores para el estrés de tener que buscar en sus bandejas de entrada cada vez que un cliente necesita una revisión de un diseño. También vale la pena señalar que esta herramienta viene con un tutorial para ayudar a los usuarios que podrían no estar bien conversados con el programa. El hecho de que la herramienta de diseño web Avocode funcione en la mayoría de los sistemas operativos y plataformas como Windows, Linux un sistema operativo X entre otros lo convierte en la herramienta de diseño web más flexible del mercado. La herramienta se ofrece con una suscripción mensual de 15$.

3. Frontify

Este es un software impecable que permite a sus usuarios idear guías de estilo y branding para sus sitios web. Es importante tener en cuenta que el software tiene un amplio alcance de coloración que le permite a usted y a su equipo firmar desde la misma hoja de himnos. Frontify también cuenta con una importante herramienta de creación de prototipos denominada Espacio de trabajo. En la mayoría de las ocasiones, Workspace es utilizado por diseñadores web y desarrolladores y sus equipos para compartir diseños, aprobar cambios, ofrecer presentaciones y agregar comentarios a través de una aplicación en línea. Esta disposición simplifica el proceso de diseño web al ahorrar tiempo y amalgamar todas las partes interesadas involucradas din una plataforma en línea.

A través de Frontify, los usuarios también pueden tener acceso a formas atractivas y sencillas de documentar fuentes y colores de sus sitios web. La combinación de esta característica y las características de Workspace hacen de Frontify una de las herramientas más preferibles para el diseño web porque todas las prácticas y procedimientos de implicación se llevan a cabo en un solo lugar. El hecho de que esta aplicación sea gratuita la hace

¡Cree su negocio online rápidamente!

más atractiva y eficaz a efectos de desarrollo del sitio web.

4. Macaw

Macaw tiene una estrecha similitud con Photoshop especialmente en su interfaz. Se trata de una aplicación que se factura como un instrumento de diseño de sitios web experto en código y, por lo tanto, ideal para diseñadores y desarrolladores de sitios web que aún no han aprendido técnicas de codificación. Macaw está diseñado de tal manera que ayuda a sus usuarios a idear rápidamente estructuras alámbricas, maquetas y prototipos. Sus desarrolladores han asociado constantemente Macaw con la aplicación insignia de Adobe utilizada en el diseño gráfico. Esto se debe a que sus funcionalidades son más o menos las mismas y, por lo tanto, un usuario que está familiarizado con Adobe photoshop, debe utilizar fácilmente Macaw.

Cuando se trabaja con Macaw, el código HTML y CSS se genera automáticamente en segundo plano. Es posible que la generación automática de código no sea muy útil cuando se usan desarrolladores de WordPress. Sin embargo, debe tenerse en cuenta que esta generación automática de código se vuelve útil cuando desea demostrar la interfaz de usuario de su sitio web proyectado a un cliente, ya que Macaw le ayuda a hacer este tipo de demostraciones fácil y rápidamente sin tener que someterse a la molestia de comenzar su trabajo en temas de WordPress.

La mayoría de los desarrolladores web y diseñadores han proporcionado opiniones positivas para Macaw debido a su capacidad de crear diseños totalmente sensibles. Con esta herramienta, puede agregar instantáneamente puntos de interrupción personalizados y probar su imagen final del diseño de su sitio web. Cabe señalar que Macaw no tiene suscripción mensual y, por lo tanto, es gratuito para su uso por cualquier diseñador web o desarrolladores. Esto hace de esta aplicación una de las muchas herramientas gratuitas de diseño de sitios web que se pueden utilizar con el objetivo de desarrollar un sitio web de negocios de marketing por Internet.

5. Origami Studio

Esta es una herramienta de diseño webs diseñada y comercializada por el equipo de Facebook. Según este equipo, Origami se utilizó en el diseño y desarrollo de algunos productos famosos relacionados con Internet como Messenger e Instagram. Estas aplicaciones son conocidas por su eficiencia y por lo tanto han sido calificadas muy altamente en el pasado reciente. Esta es una implicación que el origami puede ser muy útil cuando se trata de desarrollar un sitio web destinado a un negocio de marketing por Internet.

Como punto débil esta aplicación no es compatible con todos los sistemas operativos, está disponible sólo para IOS y MacOS.

Aquellos que pueden instalar y utilizar con éxito este programa disfrutan de su integración sketch, encuadre de alambre y características de prototipos. Cabe señalar que origami es gratuito y por lo tanto se puede acceder sin ninguna suscripción periódica.

6. Marvel

Marvel también se suma a la larga lista de herramientas de diseño. Es una herramienta sin código que es útil durante el proceso de prototipado. También se utiliza de forma generalizada como una herramienta colaborativa

¡Cree su negocio online rápidamente!

por diseñadores web y desarrolladores. Marvel tiene una característica importante que le permite hacer uso de temporizadores con el objetivo de determinar la transición entre páginas y diapositivas mientras se llega a sus prototipos. A través de esta aplicación, también podrá echar un vistazo a sus maquetas en muchos dispositivos electrónicos como el Apple Watch entre muchos otros. Al igual que muchas herramientas de diseño web, Marvel es gratuita y por lo tanto se puede acceder sin facturaciones involucradas.

7. Pixate

A diferencia de muchas herramientas de diseño de sitios web, Pixate elimina la necesidad de escribir códigos mientras desarrolla un sitio web. El objetivo principal de esta aplicación era simplificar el proceso de creación de aplicaciones móviles mediante la automatización de procesos complicados. Puede diseñar y demostrar su sitio web cuando conecte sus dispositivos Android o iOS a su escritorio. La demostración se puede hacer fácilmente a través de su Smartphone porque le permite acceder a toda la información contenida en el mismo a través de su escritorio. Pixate, al igual que muchas herramientas de diseño de sitios web, es gratuito y por lo tanto se puede acceder sin gravámenes.

8. PowerMockup

Es importante tener en cuenta que esta herramienta de diseño de sitios web se utiliza principalmente para la plataforma PowerPoint. Debido al hecho de que es más eficaz cuando se utiliza en plataformas de PowerPoint, la herramienta PowerMockup es la más adecuada para realizar presentaciones. Como tal, esta herramienta se puede utilizar para crear sitios web que sean internos para interactuar con usuarios de Internet menos técnicos que no esperarán diseños ambiguos en sus sitios web.

El paquete de PowerMockup viene con más de 800 elementos de interfaz de usuario. Cada uno de estos elementos está diseñado a partir de formas de PowerPoint que se pueden arrastrar y soltar fácilmente en un lugar designado. Arrastrando y soltando estos elementos en la posición que desea, creará presentaciones de PowerPoint con la capacidad de mostrar su sitio web. Además, estas presentaciones podrán compartir su prototipo de aplicación o sitio web en un formato que será fácilmente entendido por la mayoría de los usuarios de Internet.

Las numerosas funciones incluidas en el paquete PowerMockup hacen que esta aplicación sea bastante costosa. La aplicación tiene un coste de 59.99$ por una compra única. Sin embargo, es importante tener en cuenta que esta aplicación viene con una versión de prueba. Por lo tanto, los usuarios pueden probar la eficiencia y la alineación con los objetivos previstos de usar esta aplicación antes de poder realizar una compra real.

9. Relay

Vale la pena señalar que el uso de Relay es sólo beneficioso para los usuarios de Slack. En la mayoría de las ocasiones, Relay se usa cuando se intenta sacar el trabajo de las herramientas de diseño web más rápido en un espacio colaborativo cuando se usa Slack. Los diseñadores y desarrolladores web utilizan Relay junto con las aplicaciones de Adobe CC, Sketch y Chrome. También funciona en colaboración con Mac. Su capacidad de tomar capturas de pantalla le da una ventaja competitiva sobre otras aplicaciones similares. Solo

¡Cree su negocio online rápidamente!

después de tener el diseño de su sitio web en Slack, usted y sus equipos pueden anotar e incluir varios comentarios en sus prototipos.

10. WebFlow
El uso de esta aplicación simplifica el enfoque de creación de prototipos. Esto se consigue mediante la eliminación de las herramientas de dibujo que son comunes durante la creación de prototipos. En lugar de las herramientas de dibujo, Webflow ofrece a sus usuarios una gran variedad de técnicas de arrastrar y soltar que permiten crear un sitio web completo sin utilizar las herramientas de dibujo. Esta característica convierte a Webflow en una de las herramientas de diseño de sitios web más deseables por la de usuario simplificada.

Es importante tener en cuenta que Webflow es parte de CMC. Esto implica que viene con numerosas plantillas gratuitas y premium que los usuarios pueden utilizar en el proceso de creación de prototipos. La herramienta de diseño web de arrastrar y soltar es eficiente incluso para los diseñadores y desarrolladores de sitios web que optan por seguir con WordPress. Gracias a esto es posible crear sitios web y prototipos de temas totalmente interactivos. Se puede rediseñar sus sitios web a mano en el caso de WordPress o usar sus funciones favoritas de arrastrar y soltar para crear sus nuevos sitios web de WordPress.

En la mayoría de las ocasiones, los diseñadores y desarrolladores de sitios web han descubierto que Webflow ofrece más de lo que realmente necesitan porque la aplicación se ofrece en un paquete todo en uno. Por lo tanto, con esta aplicación se pueden crear diseños de sitios web muy impresionantes y atractivos que, de otro modo, habría tenido muchos problemas para construir al usar otras herramientas de diseño de sitios web relacionados. Cabe señalar que esta aplicación es gratuita.

11. Wire Flow

Esta es otra importante herramienta de diseño de sitios web que resulta útil durante el diseño rápido de flujos de navegación a través de un dispositivo móvil. Una vez que esté familiarizado con Wire Flow, podrá pensar en formas creativas de hacer uso de esta aplicación. Cuando esto ocurra, apreciará el valor de esta aplicación cuando se trata del diseño y desarrollo de sitios web. El hecho de que esta aplicación se ofrezca de forma gratuita se suma a sus numerosas ventajas.

12. Affinity

Es importante tener en cuenta que esta aplicación ha sido descrita por muchos como el mejor asesino de Photoshop y uno puede ver fácilmente por qué este es el caso. Podría decirse que el diseño de la aplicación la hace ideal como herramienta de diseño gráfico y web. Affinity también presenta una serie de características sorprendentes que le dan una ventaja competitiva sobre otras aplicaciones relacionadas. Por ejemplo, presenta capas no destructivas ajustables. Esta función le ayuda a ajustar los vectores y las fotos sin causarles ningún daño. Por lo tanto, esta característica hace que esta aplicación sea ideal para usar durante el diseño y desarrollo de un sitio web que presenta numerosas imágenes.

Además de las capas no destructivas, Affinity también presenta un zoom de 1,000,000 por ciento. Este es quizás el más alto jamás registrado para herramientas de diseño web. Vale la pena señalar que esta función es útil cuando se utilizan artes vectoriales en su diseño. Esto se debe a

¡Cree su negocio online rápidamente!

que la función le permite acercarse mucho para que pueda completar su diseño de manera eficiente. Aparte de eso, la aplicación también presenta características de historial y deshacer que le permiten al usuario deshacer más de 8,000 pasos. Por lo tanto, esto facilita a los diseñadores web la corrección de errores durante el proceso de diseño.

Procedimiento para construir un diseño de sitio web perfecto

Después de elegir una o una combinación de herramientas de diseño web que le ayudarán a diseñar su sitio web, pasará al proceso real de desarrollo de un sitio web perfecto para su negocio de marketing en línea. Vale la pena señalar que existen pasos y procedimientos validados para crear sitios web perfectos que contribuirán a atraer el tráfico durante la transacción comercial. Como ya se señaló anteriormente, es muy probable que los sitios web atractivos atraigan a más visitantes en comparación con los sitios menos atractivos. Por lo tanto, es imperativo hacer que su sitio web sea lo más impresionante posible para lograr los objetivos deseados de su negocio. Este es un procedimiento completo para desarrollar un sitio web perfecto para su negocio de marketing en línea.

Un sitio web es el primer punto de contacto entre un consumidor y un vendedor. A través de un sitio web el comprador puede ver los productos que se encuentran en el mercado con sus especificaciones. Un sitio web actúa como un escaparate en línea que debe diseñarse de la manera más atractiva para atraer clientes potenciales. Hay una serie de estrategias y herramientas que se pueden utilizar para hacer que su sitio web sea más atractivo para los clientes potenciales. Sin embargo, antes de embarcarse en las estrategias y herramientas para desarrollar un buen sitio web para su negocio de marketing en línea, es importante revisar los siguientes puntos:

a) Ponga su idea del sitio web que desea en papel

Esto puede parecer demasiado obvio. No obstante, muchos diseñadores pasan directamente a Photoshop antes de pensar en como plasmar la idea que quieren transmitir. El diseño va de la mano con la resolución de problemas relacionados. Estos problemas solo se pueden resolver mediante diseños adecuados que solo se pueden lograr si se esboza primero en papel antes de que comience el diseño real.

Si se lanzan al diseño directamente, esos problemas que se van solucionado sobre la marcha, sin una buena planificación, es posible que la solución que se aplicó al problema 3, haga imposible solucionar el problema 5, porque no se dispone de la base adecuada para ello.

Por este motivo es importante plasmar en papel lo que se quiere hacer, y planificar la intervención, para paso a paso, ir identificando los problemas y definiendo las soluciones más adecuadas posibles.

b) Dibuje su proceso de navegación

Aquí es donde se deben solucionar todos los problemas de navegación. El proceso de navegación se puede describir como la interfaz de usuario que rodea el contenido de su sitio web y que ayuda en el proceso de navegación de este. Este paso está destinado a incluir herramientas de navegación como barras inferiores y barras laterales. Si su diseño se aborda desde esta perspectiva, obviamente tendrá una comprensión de cuál debe ser el diseño de su sitio web.

¡Cree su negocio online rápidamente!

c) Añadir una estructura visual a su página web.
Esto puede sonar simple, pero es muy esencial para su sitio web para salir atractivo y competitivo. Una estructura adecuada le ayudará a definir el diseño de diferentes secciones de su sitio web. Además, la búsqueda de una estructura adecuada ayuda a identificar los tamaños de pantalla necesarios para cada página de su sitio web. Como resultado, la creación de las estructuras hará que sus plantillas sean receptivas y consistentes cuando se trata de espaciado y cualquier otro problema relacionado con el diseño de un sitio web.

d) Hacer una selección de tipografía
Al emprender un proyecto de diseño de un sitio web, es imperativo explorar diferentes colores y tipografías. Esto es parte del descubrimiento del proyecto y, por lo tanto, debe tomarse muy en serio. Se recomienda utilizar como máximo dos tipos de letra para un sitio web. Esta es una medida destinada a controlar el uso excesivo de tipografías que podrían terminar matando toda la idea de un sitio web perfecto para su negocio de marketing por Internet.

Durante este paso, se recomienda elegir la fuente más adecuada para su sitio web. Cabe destacar que el tipo y el tamaño de tus fuentes dependen de tu público objetivo. Esto también depende del tipo de productos destinados a ser promovidos por el sitio web en diseño. Sin embargo, nunca evite usar fuentes grandes. En la mayoría de las ocasiones, las fuentes grandes se han descrito como fácilmente visibles y por lo tanto los visitantes de su sitio nunca tendrán dificultades para leer su contenido si utiliza fuentes grandes para desarrollar su sitio web.

Comenzar a vender por internet

Los gurús de Internet siempre han aconsejado que los vídeos, audios y gráficos deben adjuntarse en los sitios web solo si mejoran el mensaje que se transmite a través. Si los vídeos o audios no se utilizan con el fin de transmitir el mensaje previsto en un sitio web, hacen que el sitio web pierda sentido y dirección. Además, los videos, audios y gráficos injustificados en los sitios web hacen que los sitios web parezcan ambiguos e indiferentes. Por lo tanto, se debe evitar videos, audios y gráficos innecesarios en sus sitios web. No obstante, cabe señalar que cuando estas herramientas se utilizan para comunicar el mensaje previsto, matan la monotonía de los mensajes escritos.

e) Dividir los contenidos

Es importante tener en cuenta que cada sección o segmento de su sitio web debe contar una historia única. Según los expertos en este campo, los diseños de los sitios web deben facilitar la navegación. Esto también es importante para ayudar a los visitantes a identificar fácilmente la información que buscan en los sitios web. Por lo tanto, debe diseñar sus páginas para contar historias de lo más importante a lo menos.

f) Prestar mucha atención a los detalles

Esta es quizás la frase más utilizada en el diseño y desarrollo de sitios web. En los detalles está la excelencia. El producto final depende de cuán meticuloso fue al diseñar su sitio web. Como ya se ha comentado, los sitios web de venta en Internet deben ser atractivos para los usuarios. Solo a través de esto, el tráfico se dirigirá a un sitio web en particular. También se debe conocer la competencia en el negocio del marketing en Internet. Todas las empresas intentan convertir su sitio web en el

¡Cree su negocio online rápidamente!

más atractivo de la competencia. Por lo tanto, para tener una ventaja competitiva sobre los competidores en el mismo nicho comercial, es imperativo que preste mucha atención a los detalles al desarrollar su sitio web. De esta manera, podrá identificar las lagunas en el sitio web y trabajar en consecuencia.

Comenzar a vender por internet

¡Cree su negocio online rápidamente!

Utilice técnicas de motor de búsqueda

Una vez que haya desarrollado un sitio web perfecto para su negocio, los compradores no podrán ver el sitio web en Internet a menos que lo publique en los motores de búsqueda. Es necesario hacer que su sitio sea visible y publicarlo en los motores de búsqueda. Una vez hecho esto, intente promocionar el sitio. Se ha demostrado que la forma de pago por clic de los sitios web publicitarios funciona mejor para los sitios web nuevos.

La forma de pago por clic de publicidad de nuevos sitios web tiene algunas ventajas sobre otras formas de marketing. Por ejemplo, los anuncios de pago por clic son inmediatamente visibles en las páginas del motor de búsqueda. Además de eso, estos anuncios te permiten probar palabras clave variadas, técnicas de venta, precios y titulares. El uso de pago por clic como estrategia de marketing no solo trae tráfico a su página, sino también las palabras clave que funcionan mejor desde usted.

Con estas palabras clave que mejor posicionan el producto inidentificadas, podemos distribuirlas en el contenido de nuestra web, para aparecer en más búsquedas, y de esta forma ir mejorando nuestra clasificación en los motores de búsqueda.

Comenzar a vender por internet

¡Cree su negocio online rápidamente!

Construya su reputación empresarial

La mayoría de los usuarios de Internet visitan diferentes sitios con el único propósito de extraer datos (minería de datos, data mining). Esta necesidad de información es una fuente de tráfico muy importante de las páginas web, y si nuestra web satisface estas necesidades mejor que otra, conseguiremos que más personas accedan a nuestra web, aumentando las ventas desde de la misma. Los usuarios de Internet han descrito la minería de datos como el proceso de encontrar información en Internet navegando por diferentes sitios web. Dado que la mayoría de las personas visitan Internet con el propósito de recuperar información, proporcione esta información de forma gratuita a otros sitios de su elección. Más visitantes estarán interesados en su sitio y, como resultado, su tráfico continuará aumentando cada día. Hay algunos consejos que pueden ayudarle a establecer una reputación para su negocio:

- Proporcione información gratuita de expertos. Esto se puede lograr escribiendo artículos, creando vídeos o cualquier otro contenido relacionado que satisfaga la necesidad de información de las personas que están navegando. Además de tener esta información en su web, debe distribuir estos contenidos a través de directorios de artículos en línea o plataformas de redes sociales, de forma que cualquier persona que lo encuentre, pueda ser derivado a su página web, incrementando así las visitas de esta.

Comenzar a vender por internet

- Participe activamente en plataformas de redes sociales y otros foros relacionados de la industria donde sus audiencias objetivo pasan la mayor parte de su tiempo. Esto tiene como objetivo crear una relación con ellos, lo que les permite participar en su sitio web. Recuerde siempre adjuntar el enlace a su sitio web cada vez que publique artículos en otros sitios o contribuya en discusiones en redes sociales o foros del sector.
- Incluya siempre botones de compartir en sus contribuciones. Una vez que comience a crear una audiencia para tu negocio, la gente comenzará a asociarse con usted. Aproveche esto y publique artículos o contenidos que puedan compartir. Gracias a estas relaciones, el contenido compartido llegará a más personas, por lo que su negocio de marketing en línea será promovido aún más.

¡Cree su negocio online rápidamente!

Email Marketing

Hoy en día Casi todo el mundo tiene una dirección de correo electrónico. Puede crear una lista de suscripción voluntaria en su sitio web. Este es quizás el elemento más valioso que se debe agregar a un sitio web. Las suscripciones son plataformas en sitios web que permiten a los visitantes acceder a boletines informativos y publicaciones periódicas que se ofrecen en esos sitios web, tras registrarse con su dirección correo. Cuando los visitantes del sitio web introducen sus direcciones de correo electrónico y aceptan los términos y condiciones que se proporcionan en el mismo, le otorgan permiso para enviarles correos. Esto tiene muchas implicaciones. Por ejemplo:

- Le están dando el permiso para enviarles lo que pidieron
- Le están permitiendo crear una relación de por vida con ellos
- Usted está ahorrando mucho en marketing porque el marketing por correo electrónico es quizás el modo de marketing más barato en comparación con la radio, la televisión o el marketing impreso de eventos
- Las respuestas de tu público objetivo se pueden medir

Comenzar a vender por internet

¡Cree su negocio online rápidamente!

Comprender su mercado

Es posible que diseñar un buen sitio web y publicarlo solo en motores de búsqueda no haga que su empresa sea tan competitiva en el mercado como debería serlo. En la mayoría de las ocasiones, las empresas en línea no se ponen en marcha debido a que no comprenden las tendencias y las operaciones del mercado. Como recién llegado al negocio del marketing en Internet, es importante que se tome su tiempo para comprender las fuerzas y operaciones dentro de su mercado.

En las empresas de marketing en Internet, existe una serie de estrategias verificadas que funcionan para mantenerle informado sobre las tendencias del sector y las proyecciones futuras. Debido a los muchos años de desarrollo del marketing en Internet, se han diseñado varias herramientas para ayudar a los especialistas en marketing online a realizar un seguimiento de sus avances en un intento por identificar sus fortalezas y debilidades. Por lo tanto, es importante tener muy en cuenta las herramientas implementadas para ayudar a los nuevos especialistas en marketing de Internet a realizar un seguimiento de su progreso. Hay una serie de funciones que se pueden monitorear con la ayuda de diferentes herramientas para determinar la efectividad de un negocio en línea. Estas funciones incluyen:

Revisión de las últimas tendencias de la industria
Es importante que todas las empresas revisen las últimas tendencias en su sector para seguir siendo relevantes para su mercado. Las tendencias en una industria pueden incluir menciones de nombres de competidores, su marca o incluso palabras clave

utilizadas para identificar nuestra marca. Los desarrolladores de programas han creado una gran cantidad de aplicaciones y programas que pueden ayudar a las empresas de marketing en Internet a evaluar las últimas tendencias en su sector. Las herramientas que se pueden utilizar para revisar las tendencias del sector incluyen:

- Alertas de Google
- Reeder
- Feedly
- PostRank

Gestión de actualizaciones de cuentas de redes sociales

El seguimiento de cuentas de redes sociales es importante para cualquier negocio online. Esto se debe a que hay varios comentarios y encuestas que se pueden hacer a través de estas plataformas. Las herramientas que se pueden usar para administrar las actualizaciones de redes sociales incluyen:

- Hootsuite
- Tweetdeck

Comprender el comportamiento de búsqueda de sus clientes

El análisis del comportamiento de búsqueda de sus clientes potenciales puede ser importante para determinar las palabras clave que utilizan. Por lo tanto, un intento de estudiar el comportamiento de los clientes mientras buscan información es importante en la elaboración de estrategias para la visibilidad en los motores de búsqueda. Es a través de esto que podrá

¡Cree su negocio online rápidamente!

determinar qué palabras clave son comúnmente utilizadas por sus clientes. Después de esto, usará esas palabras clave para su sitio web con el fin de aumentar su visibilidad de los motores de búsqueda. Hay una serie de herramientas que se pueden utilizar para comprender el comportamiento de búsqueda de los clientes. Incluyen:

- Google Keyword Planner
- Google Webmaster Tools integration
- Google AdWords
- Google Trends
- Google Search Console
- Ubersuggest
- KeywordTool.io

Benchmarking de sitios de la competencia

Siempre es importante comparar el tamaño de la audiencia entre los competidores del sector. Esto le ayuda a identificar a los competidores con mayor tráfico. A partir de esto, puede distinguir y emular las diferentes estrategias empleadas por otros actores del sector para lograr un tráfico masivo a su sitio web. Hay una serie de herramientas que puede utilizar para realizar una evaluación comparativa del sitio de la competencia. Éstas incluyen:

- Google AdPlanner
- AdWords
- Google Placement Targeting Tool
- Similar Web

Comprender la eficacia general de su marketing en línea

Comenzar a vender por internet

Una empresa en línea debe poder determinar si sus esfuerzos de marketing son efectivos. Es a través de este proceso que una empresa puede describirse como exitosa en sus estrategias y herramientas de marketing. Para poder realizar esta evaluación se han diseñado varias herramientas para ayudar a las empresas en línea a determinar la eficacia general de su marketing en línea. La herramienta más eficaz cuando se trata de estos servicios es Google Analytics.

(Clemente, E) Google Analytics es una herramienta y plataforma online desarrollada por Google para medir y analizar lo que ocurre en un sitio Web o en una aplicación móvil.

Con Google analytics se pueden medir las interacciones con sitios web y aplicaciones móviles. Principalmente:

- Datos de sesiones, usuarios, páginas vistas, tiempo de visita y porcentaje de rebote.
- Interacciones con elementos de la página como botones, campos de formularios, enlaces y apertura o descarga de documentos. También el scroll. Todo a través de lo que se llama «eventos».
- Uso del buscador interno de la web
- Páginas de aterrizaje y navegación.
- Procesos guiados como carritos de la compra, creando embudos de conversión.
- Campañas de Google Ads
- Datos de Google Search Console
- Datos de Google AdSense
- Objetivos, por ejemplo, rellenar un formulario, suscribirse a un boletín o realizar una compra.

¡Cree su negocio online rápidamente!

- Transacciones de comercio electrónico, registrando todas las compras que se produzcan en la web o app móvil, con sus importes, números de pedido, productos, impuestos, gastos de envío, etc.
- Medición multidominio, por ejemplo, cuando el usuario pasa a través de varios portales.
- Enviar información desde terminales punto de venta y dispositivos de reconocimiento de movimiento.
- Todo lo relacionado con el origen de nuestros visitantes, como la fuente y medio (si vienen por una campaña, por SEO, directo, a través de un enlace en otro portal...), el origen geográfico, su dispositivo, navegador, sistema operativo, etc.

En resumen, una gran cantidad de información que nos da una idea de hacia dónde está yendo nuestra web de comercio online, y que nos da ideas de como mejorar los resultados de esta.

Comenzar a vender por internet

¡Cree su negocio online rápidamente!

Resumen

Para lanzar un comercio online con garantías de éxito, se tienen que seguir unos pasos, que muchos otros han dado antes, y que son básicos en la creación de un negocio.

Los negocios online no difieren conceptualmente de cualquier otro negocio clásico. Tiene las mismas necesidades de análisis inicial, definición de producto, definición de campañas, ... La diferencia principal entre un negocio clásico y un negocio online es el público potencial que puede entrar en la tienda. Mientras que, en el caso de un negocio clásico, el público potencial se limita a aquellas personas que se encuentren dentro de la zona de influencia física de la tienda, en el caso de un negocio online, el público potencial son los millones de personas que cada día navegan por internet.

De la misma forma, la competencia pasa de ser la que se encuentra en la zona en la que esté situada la tienda, a ser cualquier web de todo el mundo que ofrezca los mismos productos que la suya.

Estos serían los pasos a seguir que se han introducido en los diferentes capítulos de este libro:

1. Encontrar una necesidad en el mercado y satisfágala.

Por mucho que tengamos un producto maravilloso, a un precio increíble, si en el mercado nadie tiene la necesidad de este producto, no obtendremos visitas a nuestra tienda, y por lo tanto, no tendremos ventas.

2. Encontrar las demandas del público objetivo

Comenzar a vender por internet

Una vez hemos identificado esa necesidad, tenemos que entender que es lo que pide a ese producto. Cuando tenemos claro lo que el público espera del producto, podemos definir el producto adecuado para satisfacer esa necesidad.

3. Crear un sitio web

Sin web, no hay tienda online.

La página web es el escaparate en el que vamos a mostrar nuestros productos, sus características y como pueden satisfacer sus necesidades.

Como cualquier escaparate de una tienda convencional, tiene que llamar la atención a la vista, para que el cliente potencial tenga la necesidad de ver más. Tenemos que conseguir un Wow del cliente potencial cuando se abra nuestra web después de su proceso de búsqueda.

4. Utilizar técnicas para posicionar la web en los motores de búsqueda.

De nada sirve tener una página web con una presentación impecable, con toda la información que cualquier cliente potencial necesita, si no aparece en las búsquedas en internet.

Se tiene que diseñar la página con estrategias que nos hagan aparecer en los primeros puestos de los resultados de los buscadores.

5. Construir una buena reputación

En nuestra web, además de mostrar los productos con sus precios, ofertas, … tenemos que dar algún servicio adicional. Normalmente estos servicios adicionales se

¡Cree su negocio online rápidamente!

entregan de forma gratuita, i se hace en forma de información sobre productos, comparativas, ...

Cuanto mejor sea la información que se proporciona, más personas entrarán en su web a consultarla, y esto hará que los motores de búsqueda posicionen mejor la web en los resultados de búsqueda, porque ven que los usuarios acceden a ella, y esto hace incrementar el tráfico de su web.

6. Comprender su mercado

Como en cualquier negocio convencional hay que estar continuamente analizado lo que está pasando alrededor, las tendencias de los consumidores, la evolución de los productos, ...

De no hacer esto, se puede encontrar que transcurrido un tiempo ya no tiene el tráfico que tenía anteriormente, y al no saber el motivo, difícilmente, podrá adoptar alguna acción que le devuelva de forma rápida a estar arriba en el negocio de internet.

Comenzar a vender por internet

¡Cree su negocio online rápidamente!

Referencias

Fernández, A. (23 de febrero de 2018)- *¿Qué es un CMS? Conoce los mejores gestores de contenido.WebEmpresa.*
https://www.webempresa.com/blog/que-es-cms-los-mejores-gestores-de-contenido.html

Clemente, E. - *¿Qué es Google Analytics y cómo funciona?*
https://www.idento.es/blog/analitica-web/que-es-google-analytics-y-como-funciona/

www.ingramcontent.com/pod-product-compliance
Lightning Source LLC
Chambersburg PA
CBHW070856220526
45466CB00005B/2013